NOTICE

SUR QUELQUES MONUMENTS

DE

L'ORDRE DES TEMPLIERS

DANS LE DÉPARTEMENT DES COTES-DU-NORD.

Par le chevalier de FREMINVILLE, associé correspondant.

La Bretagne était avec la Bourgogne celle des anciennes provinces de France où les chevaliers du Temple avaient le plus de possessions. Ils les devaient principalement à l'affection particulière que portait à leur ordre le duc Conan III, qui les combla de donations et de bienfaits. Le duc Pierre de Dreux, quoiqu'il eût d'abord été leur ennemi, changea de sentiment à leur égard dans les dernières années de son règne et leur donna aussi des preuves de sa munificence.

Tout ce qui est relatif à l'histoire de l'ordre du Temple, de cet ordre si justement célèbre par sa gloire et ses malheurs, doit fortement intéresser les personnes qui se livrent à des études historiques relatives à notre patrie. Aussi, dans mes actives investigations de l'ancienne province de Bretagne, je me suis attaché d'une manière toute spéciale à recueillir tous les souvenirs, à examiner tous les monuments qui pouvaient concerner plus ou moins directement l'histoire des chevaliers du Temple.

J'ai déjà fait connaître plusieurs de ces monuments dans les ouvrages que j'ai publiés sur l'archéologie de cette province si intéressante par ses antiquités.

Depuis mes précédentes publications, j'ai retrouvé encore d'autres monuments érigés par les chevaliers du Temple. J'ai pensé qu'il importait de les faire connaître. L'antiquaire ne saurait trop se hâter aujourd'hui de publier la description des objets qu'il découvre; car les spéculations des industriels, les marteaux de la bande noire les font disparaître avec une rapidité déplorable. Leur activité destructive est telle que je puis assurer que plus de la moitié des monuments que j'ai vus et décrits depuis vingt ans dans mes ouvrages sur les trois départements du Morbihan, du Finistère et des Côtes-du-Nord, sont actuellement totalement effacés du sol, et que désormais on n'en retrouvera de descriptions que dans mes écrits, et des dessins que dans mes seuls portefeuilles [1].

_____

(1) Peut-être les antiquaires regretteront-ils un jour que ma

Élévation architecturale de l'église de Rudvennes.

Lith. de Thierry frères à Paris

En parcourant récemment le littoral du département des Côtes-du-Nord, j'ai examiné, près de Lannion, l'église très remarquable de *Brelevennez,* bâtie sur une hauteur qui domine cette ville et d'un effet des plus pittoresques. Une tradition généralement répandue en attribue l'édification aux Templiers.

Cette église, comme la grande majorité de celles qui nous restent de l'ancienne France, présente dans ses constructions le cachet d'époques différentes; on peut ici en remarquer au moins deux. La presque totalité de l'édifice et surtout son portail (voyez *la pl.* X), sont évidemment du xɪɪᵉ siècle. La façade et la porte qui est au-dessous du clocher sont d'un temps plus récent et d'un style d'architecture qui annonce la fin du xɪvᵉ siècle.

L'église de Brelevennez est fort grande. Son portail latéral est en ogive, mais c'est l'ogive primitive très surbaissée, celle qui a suivi immédiatement le plein cintre roman. Ses arceaux sont ici encore accompagnés de ces moulures en zigzag, ornement très fréquent des arcades de l'architecture romane, et qui disparaît totalement dans nos édifices après la première moitié du xɪɪe siècle.

Ce portail est accompagné de trois piliers qui

nombreuse collection de dessins de monuments de l'ancienne Bretagne, tous fidèlement exécutés d'après nature, n'ait pu être publiée et coure le risque d'être dispersée après ma mort; mais la dépense d'une pareille publication est au-dessus de mes moyens.

s'élèvent au-dessus en forme de clochetons pleins.
Ces trois piliers, que nous avons remarqués dans
d'autres édifices des Templiers, sont une allusion
au nombre trinitaire. Nous avons déjà fait observer ailleurs combien le nombre *trois* était en re-
commandation chez les chevaliers du Temple. Il
se retrouve dans tous les symboles, dans toutes les
allégories de leur ordre, et il est appliqué à une
multitude de dispositions de leur règle. Sur un de
ces clochetons on lit cette courte inscription :
Y. RIO. R. 1639 (*Yves Riou, recteur*, 1639), mais
il est évident qu'elle n'indique là qu'une restau-
ration.

Le style original domine partout dans l'église
de Brelevennez ; seulement on voit derrière l'ab-
side quelques petites fenêtres à cintre plein, mais
qui sont accompagnées de moulures, ce qui ne se
voit pas dans le plein cintre véritablement
roman.

L'intérieur est vaste et spacieux, avec nef, deux
bas-côtés et des chapelles latérales. Les bas-côtés
et les chapelles sont voûtés en pierre ; la nef l'est
simplement en bois.

Les arcades de la nef et du chœur sont sou-
tenues par de lourds piliers surmontés de chapiteaux écrasés avec des ornements en feuillage du
goût le plus médiocre. Nous représentons ici les
principaux de ces chapiteaux.

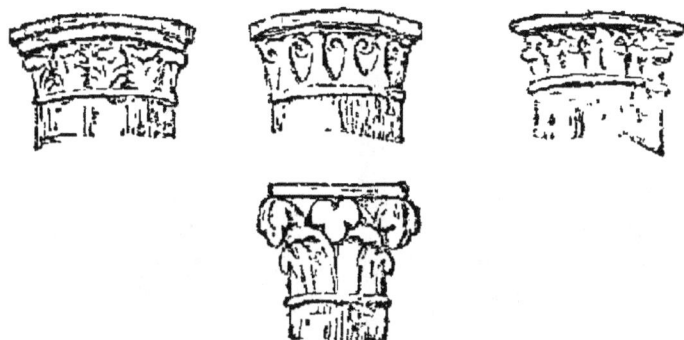

Ce que l'intérieur de Brelevennez offre de fort remarquable, est un grand bénitier de forme carrée, qui se trouve scellé dans une niche du mur à gauche en entrant. Quoique grand, il a fort peu de profondeur, et on lit sur son bord extérieur l'inscription latine, en grandes lettres, que nous avons exactement figurée ci-dessous :

FꝃꝒĒSVRABLADINꝆꝐꝠꝒITV

Ces lettres, gravées en creux et très distinctement encore, appartiennent visiblement à l'écriture lapidaire du xiie siècle. Toutes sont majuscules, à l'exception de deux seulement qui sont onciales. Quoique parfaitement lisible, cette inscription présente de telles abréviations que l'intelligence peut en paraître difficile, les mots surtout n'en étant pas séparés. Voici cependant comment nous pensons qu'il faut la lire et l'expliquer.

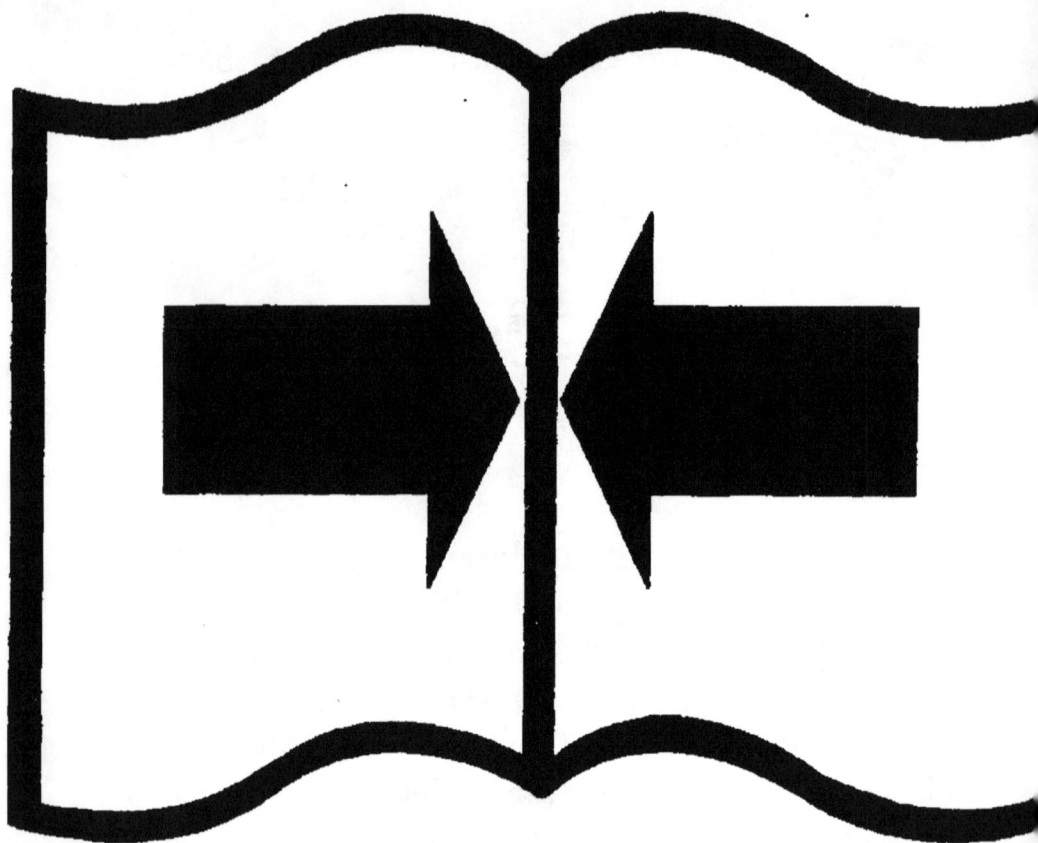

Reliure serrée

Hæc mensura bladi nunc quivitum.

Cette mesure à blé est maintenant celle des bourgeois, des habitants (sous-entendu de la ville), le mot *bladi*, en basse latinité, signifiant blé.

Ce bénitier était donc dans le principe une de ces mesures publiques placées au moyen-âge dans les marchés pour la commodité des habitants des villes et des grosses bourgades. Le seigneur, ou, dans les villes municipales, les échevins et les notables, en fixaient la capacité, qui variait selon les temps et ne fut pas toujours la même. Voilà pourquoi le mot *nunc* se lit dans l'inscription dont il s'agit, pour exprimer que la mesure était celle adoptée pour le moment.

Les Templiers établis à la commanderie de Brelevennez n'étaient pas, il est vrai, seigneurs de la ville de Lannion, mais ils y avaient de grands droits, immunités et priviléges; la confiance que l'on avait en l'arbitrage de ces pieux guerriers leur avait sans doute fait donner le droit d'y fixer la capacité des mesures publiques.

Lorsque l'usage de s'en servir fut passé de mode, la pierre creusée dont nous parlons aura été rapportée dans l'église de la commanderie du Temple, et scellée au lieu où on la voit aujourd'hui, pour y être employée comme bénitier.

Sur plusieurs vitraux du chœur on voyait peinte la croix de gueules des Templiers, entourée de

l'*orle* ou cercle d'or, telle qu'elle se voyait d'ordinaire sur le *baculus* ou bâton magistral, insigne
spécial de la dignité de grand-maître du Temple.
Sur d'autres de ces vitraux était représenté l'*équilatéral* ou delta sacré, au milieu d'une gloire. Ces
précieuses verrières ont été enlevées dans des ré-
parations faites récemment aux vitrages de l'église,
mais quelques-unes ont été recueillies et sauvées
de la destruction par M. de Pengaern, habitant de
la ville de Lannion, amateur zélé d'archéologie,
et qui s'occupe en ce moment d'un ouvrage fort
intéressant sur l'histoire et les antiquités de cette
ville.

Sous le chœur de l'église de Brelevennez est une
crypte ou chapelle souterraine dans laquelle on
voit un saint sépulcre environné d'une grille et accompagné de plusieurs statues; mais tous ces ouvrages sont modernes. M. Mérimée, dans son
Rapport d'un voyage dans l'ouest de la France,
dit qu'il n'a pu en retrouver la date; elle est pourtant bien clairement exprimée dans l'inscription
que l'on voit sur une grande tombe plate faisant
partie du pavé de cette chapelle; on y lit :

*Ci gît noble discret mi (messire) Claude Legou,
recteur de céans pandan 58 ans, par les soins
duq.! a été fait ce sépulc. le grant autel, la sacris.
et autres traveau. Décédé le 27 déc. 1700. p. di.
p. lui (priez Dieu pour lui).*

Cette crypte et ses accessoires n'ont donc pu

être faits que dans le dernières années du XVIIe siècle.

L'étymologie du nom de *Brelevennez* n'a aucun rapport ni avec l'église dont nous parlons, ni avec l'ordre du Temple; elle est simplement relative à la localité sur laquelle est assis l'édifice, et elle signifie en celto-breton *colline inculte*, des mots *brelé*, terrain inculte, en jachère, et *venez* ou *menez*[1], colline, montagne, en général lieu élevé quelconque (Dom Lepelletier, *dictionnaire celto-breton*).

Deux objets curieux d'antiquité ont été dernièrement retrouvés dans l'église de la commanderie de Brelevennez et mis à ma disposition, grâce à l'obligeance de M. Penguern qui en est possesseur. Le premier est une grande croix processionnelle en bois, revêtue d'une mince lame de cuivre chargée d'ornements relevés en bosse.

Cette croix est ce que l'on appelle une *croix tréflée*, parce que les extrémités de ses branches sont divisées en trois parties qui imitent les feuilles du trèfle. Sa longueur, depuis la brisure du bâton jusqu'à son extrémité supérieure, est d'un pied 6 pouces 3 lignes; la longueur totale du croisillon est d'un pied 2 pouces 5 lignes; l'épaisseur de chaque branche n'est que de 9 lignes.

Ses ornements se composent de feuillage et de

---

(1) Dans l'idiome breton le **V** se change très fréquemment en **M**, et ces deux consonnes s'emploient indifféremment l'une pour l'autre.

quinte-feuille, avec quatre médaillons quadrilobés. Le Christ qui y était attaché, et qui, en raison de la place qu'il occupait, devait être fort petit, est malheureusement tombé et a été perdu. Au-dessus est cloué le cartouche déroulé sur lequel on voit les quatre initiales I. N. R I. en capitales gothiques du XIIIe siècle.

Les médaillons renferment les symboles des évangélistes et une Vierge. Celui qui est placé au-dessus de l'inscription I. N. R. I. nous offre un aigle au-dessous duquel on lit sur une bandelette les mots *S. Jan*, écrits en lettres gothiques carrées.

Il est à remarquer que le nom de saint Jean est orthographié de la manière dont il se prononce dans l'idiome bas-breton, *saint Iane*, ce qui prouve que cette croix est de fabrique bretonne. Si elle eût été faite en France, le nom de cet évangéliste eût été orthographié comme on le prononçait en France au moyen-âge, *saint Jehan.*

Dans le médaillon qui est près de l'extrémité du croisillon à droite est un bœuf ailé, et on lit au-dessous saint Luc, écrit sur une bandelette, également en caractères gothiques carrés.

Le médaillon opposé du côté gauche renferme un lion tenant sous ses pattes une bandelette qui porte le nom saint Marc, toujours en mêmes caractères.

Enfin le médaillon du bas de la croix encadre l'image d'une Vierge assise tenant sur ses genoux un cartouche déroulé dont l'inscription est en partie effacée par la vétusté. Je n'y ai pu distinguer que les lettres JHU M...., qui probablement signifient *Jesus mater*.

Toutes ces figures et les ornements qui les accompagnent sont d'un dessin très barbare, à l'exception pourtant des feuillages et des fleurs, qui ne sont pas de trop mauvais goût.

Le revers de la croix offre les mêmes ornements excepté qu'au point d'intersection des branches, c'est-à-dire sur le côté opposé à l'emplacement où était le Christ, on voit au milieu d'un grand cercle la croix pattée de l'ordre du Temple.

De ce côté le médaillon du bas de la croix, c'est-à-dire celui opposé à la figure de la sainte Vierge, ne renferme plus rien, la figure qu'il encadrait s'étant détachée et perdue; mais il n'y a pas de doute que c'était celle du quatrième évangéliste.

L'autre objet dont il nous reste à parler, et qui a aussi été trouvé à Brelevennez, est une décoration fort remarquable en cuivre travaillé tout à jour, et qui, à ce qu'il paraît, se portait suspendue au cou par une triple chaîne.

Cette décoration consiste en un cercle de 2 pouces 7 lignes de diamètre dans lequel sont inscrits deux triangles équilatéraux enlacés l'un dans l'au-

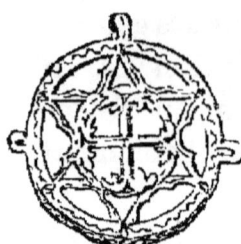

tre, de manière à former une étoile à six pointes. Les angles rentrants extérieurs de cette étoile sont ornés dans le style gothique de manière à représenter des arceaux.

Au centre de l'étoile on voit un second cercle de 2 pouces 4 lignes de diamètre, dans lequel est inscrite une grande croix fleurie.

Le revers de cette décoration, ou, si l'on veut, de ce médaillon, est tout pareil; mais dans le cercle intérieur on voit, au lieu d'une croix, l'agneau de saint Jean, patron des Templiers, portant, comme à l'ordinaire, un petit drapeau ou banderole qui est ici surmontée de la croix pattée du Temple.

L'Agneau de saint Jean (*Agnus Dei, qui tollis peccata mundi*) est un symbole que nous avons fréquemment rencontré dans les monuments de l'ordre du Temple. Celui qu'on voit ici est d'un style extrêmement barbare, et en général tout le travail du médaillon est assez grossier.

Quant au triangle équilatéral, ce symbole est encore plus commun dans tout ce qui est relatif aux chevaliers du Temple. Cette figure, la plus parfaite de toutes celles de la géométrie, était chez eux l'emblème de la perfection divine et de l'har_ monie de la nature; elle était aussi une de leurs allusions trinitaires.

La décoration que nous venons de décrire, et qui doit avoir été faite dans le xiiie siècle, n'étant pas la croix conventuelle que portaient tous les chevaliers, croix dont la forme est aujourd'hui bien connue, doit être un insigne particulier de quelque dignité de l'ordre ou de quelque fonction spéciale, peut-être celle de chapelain ou de prieur ecclésiastique[1].

D'autres monuments des Templiers, desquels j'ai à entretenir ici la Société des Antiquaires de France, sont des tombes plates dont est pavée une petite chapelle de Saint-Jean, près du hameau de Creac'h, à une demi-lieue de Saint-Brieuc, chef-lieu des Côtes-du-Nord.

Je ferai d'abord observer que toutes les églises, prieurés ou chapelles, de l'ordre du Temple, sont généralement sous l'invocation de saint Jean l'évangéliste ou sous celle de la sainte Vierge, en laquelle cet ordre avait une grande dévotion.

La petite chapelle de Saint-Jean en Creac'h est fort simple; cependant elle présente encore dans sa construction le cachet de deux époques différentes. Son portail, ainsi que sa façade, ont été réédifiés dans des temps modernes; le reste peut

---

(1) Une chose infiniment remarquable, c'est que cette ancienne décoration templière est exactement la même que celle qu'on porte encore aujourd'hui dans la franc-maçonnerie au grade d'*Elu Ecossais*.

dater du xiiiᵉ siècle. Les paysans du lieu ont encore conservé la tradition qui l'attribue aux Templiers, et le souvenir du procès inique intenté à ces illustres chevaliers, qui sont généralement encore appelés dans les campagnes de la Bretagne *les moines rouges* (ar manac'h ruz), à cause de la croix rouge qu'ils portaient sur leurs manteaux.

Les tombes dont nous allons donner la description sont ornées de grandes croix de différentes formes, d'écussons de famille, et de quelques emblèmes particuliers, le tout gravé dans la pierre, et même d'une manière assez grossière. Nous donnons les figures des plus remarquables de ces tombes, dont aucune ne porte d'inscription.

Sur la première est une grande croix pattée, sortant d'une base, et surmontée d'une arcade gothique. Au côté gauche de cette croix est représentée une cloche, et au côté droit une tenaille, emblèmes de la profession de celui dont elle recouvrait les cendres, et qui était sans doute un ouvrier forgeron et fondeur, par conséquent un frère servant, faisant partie de ce qu'on nommait dans l'ordre *la milice inférieure*, un de ces frères qui y étaient admis, comme on disait, *artis gratiâ.* Ces frères, ordinairement maréchaux, forgerons, armuriers, etc., étaient distingués par un costume particulier; ils n'avaient pas les vêtements blancs de la milice noble ou *supérieure;* les leurs consistaient principalement en une dalmatique noire ayant devant et derrière une grande croix blanche de la forme de celle représentée ici. Leurs bottes et leurs éperons étaient noirs, ainsi que la garniture de leurs épées.

La seconde tombe est au contraire celle d'un dignitaire de l'ordre, celle d'un commandeur ou d'un bailli, ainsi que l'indique la double croix recroisetée qui y est représentée, et qui est plantée dans un piédestal à gradins. Au côté gauche de la croix est gravé ce heaume ou casque de forme si bizarre et à sommet tout plat, en usage surtout pendant le règne de Louis IX.

Dans la figure 3 nous représentons une autre tombe qui est celle d'un chevalier; elle porte une croix ancrée, supportée par un piédestal. Au côté gauche est une grande épée de la forme ordinaire de celles du xiiie siècle; à droite un écusson chargé de *sept mâcles,* posées *trois, trois et une,* qui sont les armoiries primitives de la maison de Rohan, famille illustre issue des premiers souverains de la Bretagne.

La quatrième tombe est ornée d'une grande croix d'une forme singulière, et qui se rencontre rarement dans les monuments anciens; elle est *losangée et pommetée.* Au côté gauche est une longue épée d'une forme pareille à celle de la tombe précédente, et à droite un écusson portant *neuf mâcles,* posées *trois, trois et trois,* armoiries encore actuelles de la maison de Rohan.

La tombe représentée figure 5 est la plus curieuse de toutes; elle porte en tête une petite croix latine, au-dessous de laquelle est une épée posée diagonalement; mais ce qui est le plus remarquable, c'est qu'entre cette épée et la croix qui la surmonte est figuré un grand triangle équilatéral, emblème mystique de l'ordre du Temple, comme nous l'avons dit ci-dessus, symbole sacré de ses rites secrets.

Quoique nous soyons bien loin de partager les préventions absurdes que le fanatisme a répandues sur l'ordre du Temple, quoique l'histoire impar-

tiale et sévère ait proclamé son innocence et fait
connaître tout l'odieux du procès dont il fut la
victime dans le xive siècle, on ne peut cependant
douter, et nous en avons acquis plus d'une preuve,
que cet ordre ne pratiquât dans son intérieur
quelques rites particuliers se rattachant à un dog-
me puisé dans l'Orient même, et dont le but très
probable était de ramener la religion du Christ à
sa pureté, à sa simplicité primitives, but auquel
on tendait en silence, but qui n'était connu que
d'un certain nombre d'adeptes, ainsi que les signes
symboliques qui y avaient rapport, but enfin qui,
trahi plus tard par l'imprudence ou l'indiscrétion
de quelques frères, attira sur l'ordre entier l'ani-
madversion de la cour de Rome, intéressée dès
lors à sa destruction.

La franc-maçonnerie, manteau sous lequel se
sont longtemps cachés les Templiers pendant la
persécution de leur ordre, a transmis jusqu'aux
temps modernes une partie de ces symboles secrets, et l'on sait que le triangle *équilatéral* en est
un des princ. paux. Il nous semble donc aussi curieux que remarquable de le retrouver ici gravé sur
le tombeau d'un ancien templier.

La tombe que l'on voit ci-contre est fort simple;
c'est aussi celle d'un chevalier. Elle ne présente
qu'une grande croix pommetée et à gauche une
épée, toujours de la forme bien connue de celles
du xiiie siècle. Elle ne porte aucun blason.

Sur deux autres tombes placées à côté l'une de

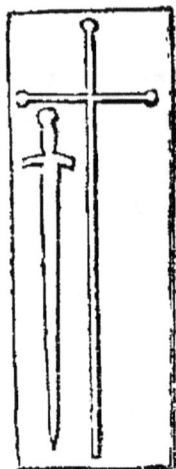

l'autre on voit au contraire seulement un écusson sans aucun acces-
soire. Ces deux écussons sont aux
armes de la famille des Beaumanoir,
si renommée en Bretagne, surtout
depuis le combat des Trente, où l un
de ses membres, Robert de Beaumanoir, commandait les Bretons.

Sur le reste des autres pierres tu-
mulaires de la chapelle dont il s'agit
on ne voit que des croix, seulement accompagnées d'une épée.